Extrait de l'Archivio di Psichiatria, Scienze Penali ed Antropologia criminale
VOL. XXI — FASC. I

DU DROIT DE LA PERSONNE LÉSÉE CONTRE LA SOCIÉTÉ

Lorsqu'une infraction, crime ou délit, dirigée contre une personne déterminée, a été commise, il s'opère, de la part de la victime contre le coupable une réaction pénale, d'abord réflexe, puis consciente, laquelle aboutit à la fois à une restitution du préjudice souffert et à une vengeance corporelle. En supposant l'absence de toute société, cette réaction se traduit par la justice que l'on se fait à soi-même et se réalise par des actes de représailles, tant sur les biens que sur la personne de l'auteur. La victime obtient ainsi une double satisfaction, celle de l'intérêt, celle du ressentiment. Tel est l'état primitif chez tous les peuples. Ces réactions ouvrent, à leur tour, quelque justes qu'elles puissent être, des réactions contraires à l'infini, et l'on vit sous le régime de la *vendetta,* régime préjuridique, qui s'est cependant conservé d'une manière sporadique, mais a généralement disparu. Plus tard, il s'opère une modification. La victime renonce à la satisfaction de sa vengeance pour obtenir plus pleinement celle de son intérêt, de là la composition pécuniaire; la réparation du préjudice remplace la réaction pénale proprement dite, la victime préfère à la peine stérile un paiement qui non-seulement suffit à la réparation, mais aussi procure un gain appréciable. D'ailleurs, pour parvenir à un résultat utile, elle s'entoure de ses parents, de même, que pour résister, le coupable, ou plutôt l'ennemi, s'entoure des siens; quelquefois, dans ce sens, la famille s'élargit jusqu'au clan et à la tribu, et l'on assiste à la *guerre privée,* à la *guerre pénale.* Mais dans toute cette poursuite la société n'apparaît pas encore, son intervention va modifier profondément les situations respectives.

En effet, lorsque la société a pris un développement sensible, elle considère que le crime, qui lèse l'individu, la lèse elle-même indirectement, que celui qui met l'individu en danger, la met aussi en péril, et qu'elle est intéressée, tant à rétablir autant que possible l'état antérieur au délit, qu'à empêcher le retour de pareils actes, aussi bien de la part de tous autres que de celle de l'auteur lui-même. Elle agit donc, à son tour, dans tous ces buts, et dès lors, on voit s'établir parallèlement la réaction *pénale sociale* à côté de la *réaction pénale individuelle*.

Toutes les deux ont d'abord exactement les mêmes objectifs, ceux que nous venons d'indiquer, car le *point de départ*, le mouvement *réflexe*, est identique, et ce n'est pas du raisonnement, mais de l'*instinct* que l'action pénale est née, elle n'a pas un but lointain, elle a celui immédiat de la satisfaction d'un besoin psychique, mais mécanique. Seulement la cause efficiente se modifie, et elle le fait davantage chez la société que chez l'individu: chez ce dernier la transformation n'est pas nulle, mais elle s'opère dans la même direction égoïstique: tout d'abord l'individu veut principalement se venger; lui offrirait-on la composition pécuniaire pour éviter, très certainements, cette vengeance, qu'il refuserait, la considérant comme une substitution désavantageuse, mais, peu à peu, il se ravise; il sent qu'il a plus d'avantage à la réparation qu'à la vengeance proprement dite; il consent même à établir cette substitution d'une manière constante, et ce penchant devient si fort que dans certaines législations il ne demande plus que des dommages-intérêts, au moins directement, ou si, comme en France, l'exercice de l'action civile met l'action publique en mouvement, il n'exerce plus cette action publique, en abandonne le soin au ministère public, et se désintéresse même de la peine, pourvu qu'il soit complètement indemnisé. Il en est, du moins, ainsi quand il s'agit de crimes ou de délits contre la propriété ou les droits pécuniaires, parfois même quand il s'agit des crimes de sang, s'ils n'ont pas produit mort d'homme, et l'instinct vif de vengeance proprement dite ne survit qu'en cas de mort ou d'atteinte à l'honneur lorsqu'elle est grave.

Telle est la situation actuelle, et la transformation serait complète, ou à peu près, si l'on ne se trouvait très souvent en face de coupables insolvables. Dans ce cas, ce nouvel équilibre est rompu. La victime est privée de l'indemnité, pour laquelle elle avait renoncé au surplus de sa réaction pénale; il est vrai que cette indemnité est remplacée alors par l'exercice de la contrainte par corps, mais cette substitution est trop désavantageuse; la contrainte par corps ou la prison subsidiaire, suivant les législations, n'est pas toujours exécutée, elle est de très courte durée, son caractère n'est pas infamant, elle est trop douce en comparaison de la peine que la victime eût infligée. Heureusement la société a en même temps exercé son action parallèle et obtenu une peine qui n'est adjugée qu'à elle-même, mais qui satisfait la colère de la victime et lui procure une vengeance proprement dite, vengeance qui est sa dernière ressource, à défaut de la réparation que dans le stade actuel de la civilisation elle eût préférée.

Telle est l'évolution de la réaction pénale qui s'est accomplie dans la personne et du côté de la victime d'une infraction. Le point de départ, la cause efficiente, a été le mouvement réflexe de rendre coup pour coup, cause qui s'est convertie lentement en une cause téléologique, celle de n'être pas constitué en perte et même d'être constitué en gain par l'effet de l'infraction.

La réaction pénale entre les mains de la société a suivi pendant ce temps une évolution divergente. Partie du même point, l'action réflexe tendant à frapper le coupable et à le frapper seulement, elle dévia bientôt, et l'on n'envisagea plus que le but différent et plus utilitaire de se préserver désormais pour l'avenir de retour d'actions pareilles, soit de l'auteur, soit de quiconque, en employant toujours le même système de peines, mais avec un autre objectif. Puis on s'aperçut que les mêmes peines ne pouvaient pas efficacement servir à la fois aux deux emplois, et on les modifia dans ce sens. Le but utilitaire finit par dominer et par remplacer presque entièrement le but psychologique. Cependant il restait encore une certaine ressemblance entre eux; ce qui servait d'abord à faire expier, servie encore au nouvel objectif, à l'intimidation.

Mais le but dévia davantage, ou, plus exactement, prit une nouvelle direction par une séquence logique. Quel meilleur moyen de se défendre que celui d'amender le coupable, si possible, de l'éliminer, si l'amendement est impossible? Il y a là un procédé, en définitive, plus économique, de parvenir à la sécurité pour l'avenir. Si le coupable n'est que l'objet d'une coercition pour empêcher qu'il ne nuise davantage, il faudra que cette coercition soit incessante, sans rémittence aucune. On devra multiplier prisons et geoliers et resserrer le régime, ce qui est à la fois incommode et coûteux; il est plus économique de procéder à la régénération. Dès lors, la société eut pour objectif principal l'amendement dans l'exercice de son droit pénal.

Mais cette idée d'amendement, et, en cas d'impossibilité, d'élimination, conduisit peu à peu à la nécessité d'examiner l'état psychologique du coupable, et en même temps les facteurs souvent obscurs du crime, pour se rendre compte des moyens utiles à employer. L'amendement recherché fut assimilé à la guérison pour laquelle la connaissance des tempéraments, des idiosyncrasies, d'une part, et d'autre part, de l'étiologie, est indispensable. Dès lors, la considération de l'auteur du crime se détacha de celle de la victime et même de celle du crime actuel, elle devint subjective et unilatérale, de tous points semblable à l'examen d'un malade envisagé dans sa maladie et non dans la crise seulement.

Par suite de cette comparaison, qui devint une identification, on fut amené à rechercher si l'état du criminel était bien un état volontaire, ou s'il n'était pas inné ou communiqué par le milieu, et par conséquent involontaire et déterminé, comme le plus souvent celui du malade lui-même. On aboutit à une réponse affirmative. Dès lors, il ne fut plus question de punition, mais d'une cure, tantôt, du reste, par des moyens préventifs et hygiéniques, tantôt au moyen de la thérapeutique criminelle. L'assimilation du criminel à l'aliéné se fit de plus en plus étroite. Elle a été l'œuvre de l'école italienne positive moderne. Elle est encore en discussion, mais, ce que nous avons à retenir ici, beaucoup de ses plus ardents adversaires mêmes ont adopté une partie de ses conséquences pratiques, à savoir, qu'aussi bien la vindicte publique que la vengeance privée doivent être supprimées, et qu'il reste seulement l'idée de la sécurité sociale ou individuelle, que, d'ailleurs, celle-ci doit se réaliser surtout par des moyens curatifs.

L'emploi de ces moyens ne fut pas le seul point de l'aboutissement de l'évolution du droit social, il y en eut un autre, non moins important, ce fut la recherche de l'étiologie du crime, nécessaire pour obtenir aussi bien sa prophylaxie que sa thérapeutique ; cette recherche fit découvrir que les principaux facteurs ne résidaient pas dans la mentalité, mais au dehors, que les uns étaient physiques, les autres anthropologiques, les autres sociologiques, que ces derniers n'étaient pas toujours les moindres. En dernière analyse, parmi ceux-ci on reconnut les torts que la société avait eus envers l'auteur du crime ; si elle en eût pris soin, si elle l'eût muni d'une éducation convenable, si elle l'eût garanti contre la misère, bien plus, si elle avait combattu les facteurs anthropologiques funestes, elle aurait empêché le crime, elle aurait même détruit, peut-être, la criminalité générale ; la société était donc coupable, elle devait tenir compte de cette faute, d'abord, pour prononcer au moins une peine plus douce, puisque la faute se trouvait partagée, puis pour prendre désormais les précautions nécessaires non-seulement à son propre profit, mais aussi au profit du coupable lui-même ; de là l'idée des *substitutifs* des peines, qui sont en réalité des mesures *ultra-préventives*. Seulement on eut le tort de ne pas aspecter de tous côtés cette idée juste. Ce n'était pas envers le criminel seul que la société se trouvait coupable du crime; dans une certaine mesure, c'était aussi envers la victime. Celle-ci n'aurait pas souffert du crime, puisque le crime n'eût pas été commis, si la société, par des mesures adaptées, en eût empêché la commission, ou même, plus sûrement, eût changé les dispositions malveillantes du criminel. Mais, dans la préoccupation constante de celui-ci, la société fut oublieuse de la victime; elle se souvint de ses torts envers le premier, mais non de ceux envers la seconde, encore plus intéressante pourtant.

Ce principe nouveau que la peine est désormais principalement, sinon exclusivement, *curative*, sauf des cas rares, où elle doit rester purement *éliminatrice*, reçut dans les législations contemporaines des applications sporadiques: d'abord, la libération conditionnelle, qui part de cette idée, que, comme l'aliéné, le criminel guéri ne doit plus être privé de la liberté, puis la condamnation conditionnelle, qui applique plus hardiment le même concept et qui tend à isoler des autres le criminel d'occasion et à l'exempter de toutes peines. Des applications plus hardies sont encore proposées, par exemple, l'admission des peines indéterminées où la séquestration est dosée jour par jour, comme peut l'être le remède ordonné par le médecin, de telle sorte que le juge n'a plus qu'à prononcer l'existence de la maladie, dont il confie ensuite le traitement à d'autres fonctionnaires surveillants de chaque heure.

Ces transformations successives sont bien connues, et nous ne les aurions pas retracées attentivement, si nous n'aurions pas voulu bien préciser leur cours, avant qu'elles arrivent à leur *confluent*, qui fait l'objet de la présente petite étude. D'une part, le droit de vengeance de l'individu s'est peu à peu atténué en un droit de réparation pécuniaire, mais avec l'espoir subsidiaire d'une vengeance remise aux mains de la société, qui a promis de l'exercer, pour plus de régularité et de paix sociale, au lieu et place de cet individu; d'autre part, le droit de défense sociale aboutissant, par la conversion ordinaire des causes efficientes en causes téléologiques, à une fonction d'amendement et de cure morale du coupable.

À l'extrémité de ces deux évolutions distinctes, la divergence est absolue, et les deux points d'arrivée sont la négation l'un de l'autre. Sans doute, tant que le coupable est solvable, on peut les réunir. L'individu, avec le secours de la société obtient une indemnité pécuniaire suffisante ; il voudrait bien, dans certains cas, en outre, se venger, mais il y renonce du moment où la perte est réparée, ou, du moins, il permet à la société, qui lui a fait obtenir réparation du tort, de disposer de la peine proprement dite, en maître, et même de la convertir complètement en moyen curatif. Mais, si le coupable est insolvable, la victime réclame vengeance à la société, voulant bien ne pas exercer cette vengeance elle-même, mais exigeant qu'on la lui procure, puisqu'on la lui a promise, au moins, tacitement, lorsqu'à l'origine la réaction pénale sociale avait ce résultat. Mais la société lui répond que la transformation opérée entre ses mains ne lui permet plus que de procéder à la guérison du criminel, que la divergence est devenue complète, que si le criminel était guéri demain, il devrait être relâché demain, que s'il était guéri aujourd'hui, il devrait être relâché aujourd'hui même, et elle applique ce principe, même si elle n'est pas d'opinion déterministe, de la manière la plus tranchante, par la libération conditionnelle, par la condamnation conditionnelle, par l'application sans limite des circonstances atténuantes, par la grâce, par l'amnistie, par la prescription.

La personne lésée réclame, et voici succinctement ses griefs : « Je vous avais chargée, dit-elle à la société, de défendre mes droits, et vous refusez de le faire ; je m'étais dépouillée de ma vengeance, à charge par vous, soit de me faire indemniser par le coupable, soit de lui infliger une peine proprement dite, vous n'avez réussi ni à l'un, ni à l'autre, et je reste privée de toute revanche, de toute satisfaction. Est-ce juste ? Vous m'offrez une prison subsidiaire, dérisoire, inscrite dans vos codes, mais presque jamais effective, qui, même dans certains cas, doit s'exécuter à mes frais. Bien plus, vous libérez de la faible peine que vous avez prononcée au bout de quelques jours et même tout de suite. En cas de condamnation conditionnelle, vous n'exigez même pas pour en jouir que l'auteur paie une partie du préjudice. Il est libre immédiatement. Il m'a fait une blessure qui m'a causé une incapacité de travail, il ne sera même pas détenu tant que cette incapacité durera, je serai prisonnier à sa place. Qu'elle interversion ! En cas de libération conditionnelle, il a subi, il est vrai, l'emprisonnement, mais, pendant un temps beaucoup moindre, moitié de celui qui avait été jugé adéquat à l'infraction, je n'ai pas reçu la moindre indemnité, et le voilà libre ! En cas même de condamnation ferme, il n'est condamné qu'à une simple amende, et cette amende sera payée avant l'indemnité qui m'est due. Dans tous les cas, si même il s'agit d'un crime de sang, ou contre les miens, ou contre mon honneur, le coupable, rapidement libéré et duquel je n'ai reçu nulle réparation, va revenir habiter près de moi, dans la même ville, dans la même maison, et je devrai subir son odieuse présence, parce que la société prétend l'avoir amendé dans son intérêt à elle, dans son intérêt à lui, mais non dans mon intérêt à moi ; c'est moi qui souffre, et qui, victime, suis punie à la place des autres ! ».

Ce n'est pas tout, et la récrimination de la victime se prolonge et s'élève encore. Non seulement la société a trahi la confiance que cette victime avait mise en elle et favorisé le coupable à son détriment, mais n'est-ce pas la société qui est la cause indirecte, un des facteurs principaux du crime ? Sans doute, il y a d'autres facteurs et des plus importants, les facteurs anthropologiques, surtout, qui reposent en partie sur l'hérédité et l'atavisme ; mais il y a aussi les facteurs sociologiques, qui collaborent, et dont M.r Lombroso a si bien donné l'énumération dans un récent ouvrage. Or, ces facteurs, qu'est-ce autre chose que les fautes de la société ? Si celle-ci avait pris les mesures prophylactiques nécessaires, le dommage ne serait pas advenu. Sans doute, le criminel répond en première ligne de ce dommage, comme cause proche, volontaire ou involontaire, mais, par le même motif, la société en répond au second plan, comme cause plus éloignée, mais volontaire. Que sa responsabilité se découvre donc, puisqu'elle a couvert l'autre ! C'est elle qui est le coupable subsidiaire ; en outre, l'auteur envers lequel elle n'a employé que des mesures curatives, elle a dû, peut-être, le considérer comme innocent en réalité, parce que la culpabilité était en elle. Ainsi les reproches deviennent plus vifs et plus directs.

Mais la société n'écoute pas plus les uns que les autres, elle ne les entend pas ; elle condamne, on acquitte, décidée par d'autres motifs. La condamnation conditionnelle, le régime des courtes peines, devenant habituel, font brèche de plus en plus au droit de l'individu.

La personne lésée, lassée de son appel, se décide à ne plus avoir de recours qu'à elle-même, elle fait abstraction de la société, qui lui a fait défection, et emploie l'ancienne *vendetta*. Peu lui importe, en effet, l'amélioration du coupable, ce qu'elle recherche c'est une revanche, et elle l'exerce.

Dé là cette résurrection de procédés très anciens, qui existaient bien encore, mais comme survivances, et qui vont créer, à côté de l'action pénale sociale, une action pénale privée, et contrarier la première, de même que la seconde avait été contrariée et annihilée.

Tel est le conflit qui s'accentue de plus en plus entre les aboutissements des deux droits de la personne lésée et de la société ; il est très profond, encore latent, mais il apparaîtra davantage de jour en jour, l'intérêt de l'individu est sacrifié, il n'est pas juste qu'il le soit ; cela est même dangereux pour tout le monde. Mais comment concilier des droits aussi antagonistes ? La société, pour parvenir à l'amendement, à la guérison du criminel ou à son élimination, suivant les cas, doit conserver toute latitude, se servir de la peine comme d'un véritable remède.

De quel droit empêcherait-on le médecin de changer un traitement qui n'a plus de raison d'être, sous prétexte qu'un tiers a droit à ce que la souffrance du malade continue? Comment la personne lésée interdirait-elle de lever cet appareil qu'on appelle la prison ou l'ergastule, par le même motif? La société répondrait avec raison que rien ne doit venir troubler le traitement rationnel à suivre. Et cependant la victime n'a-t-elle pas le droit de son côté de se désintéresser de cette guérison et d'exiger le paiement de ce qu'elle a souffert, ou, à défaut, la souffrance réciproque, ou, plus exactement, l'accomplissement complet de la réaction pénale causée mécaniquement par le crime et qui en détend l'action?

Beaucoup de procédés ont été proposés pour concilier les deux droits. Le premier le fut par les adversaires de l'école positive. Il consiste à supprimer la doctrine fondamentale de cette école elle-même, à ne plus voir dans le criminel un malade à guérir, mais un coupable à punir, à laisser l'idée de la défense pour reprendre celle de l'expiation. En ce cas, en effet, il n'y a plus de conflit de principe et aussi aigu, mais cependant il reste et il restera désormais un conflit chronique, car, quelles que soient les écoles, les législations se sont habituées à appliquer les conséquences de l'idée de la peine curative, et à faire abstraction des droits de la victime; les faits constatés ci-dessus, libération conditionnelle, condamnation conditionnelle, large emploi des circonstances atténuantes en sont des preuves. Il ne suffirait donc plus d'écarter les données de l'école positive pour restituer aux droits de la personne lésée toute leur vigueur. Et d'ailleurs cette idée féconde de la guérison du criminel, lorsqu'elle est possible, l'idée de la peine à cause téléologique et non plus seulement efficiente, est trop efficace et trop juste pour être écartée et les applications en ont été trop salutaires pour que même ses adversaires veuillent son entière disparition.

D'autres essais plus sérieux, mais tous insuffisants, ont été faits pour concilier les deux intérêts ou plutôt les trois, celui de la personne lésée seule d'un côté, ceux du criminel et de la société, identiques ici, de l'autre. Nous allons les passer rapidement en revue. Ils sont d'ailleurs de date toute contemporaine et on n'y a pu songer que lorsque l'existence du conflit devenu extrême s'est réalisée. On n'a point touché au droit social, mais tout en le maintenant, on a cherché à mieux conserver celui de la victime.

Le droit de la personne lésée est double: il était d'abord de réaction pénale, de vengeance, et subsidiairement de réparation de dommage, puis la situation était devenue inverse; ce que la victime demandait, c'était surtout la réparation, ce n'était qu'à défaut, et ce défaut était fréquent, qu'elle exigeait au moins la satisfaction de voir le criminel légalement souffrir à son tour, et même le mot de vindicte était devenu mal sonnant, et ce désir finissait par être tout à fait subsidiaire. Cependant la société y donnait satisfaction, et cela lui était facile, puisque pour elle aussi la peine était une véritable peine; cette peine prononcée servait à tout le monde; ce n'est que plus tard que celle infligée par la société changeant de caractère ne répondit plus ni quantitativement, ni qualitativement, à celle désirée par la victime.

Mais celle-ci se résignerait à ce désaccord si elle était indemnisée en argent du mal souffert, d'autant plus que les moyens curatifs employés par la société ressemblent encore souvent à la peine proprement dite. Seulement le criminel est insolvable presque toujours. Comment remédier à cet obstacle de l'insolvabilité? Ni la contrainte par corps, ni la prison subsidiaire ne procurent paiement en réalité. Aussi on a proposé d'attribuer à la victime comme dédommagement le produit du travail du condamné détenu. Il faudrait ne pas le lui donner en entier, car la société a le droit de se faire rembourser aussi, au moins en partie, des frais d'entretien, et le criminel, de son côté, a droit à une partie de son salaire, pour se procurer quelques adoucissements dans sa triste situation et pour trouver à sa sortie un pécule qui le fasse subsister pendant quelque temps à travers le chômage du dehors. En outre, s'il n'était pas encouragé ainsi, il ne travaillerait pas, ou ne le ferait que mal, sous la menace incessante de coups ou de privations excessives. On pourrait d'ailleurs activer ce travail en n'accordant la mise en libération conditionnelle que lorsqu'il aurait suffi à dédommager la victime en partie; on pourrait même exiger le même travail après la sortie et avant la libération définitive, mais le résultat de cette dernière mesure serait improductif en pratique. Ce procédé est juste, que le criminel paie en travail s'il ne le peut en capital, il est, du reste, ancien, et sa racine se retrouve dans l'antique servitude pénale, lorsqu'elle n'avait pas lieu encore au profit de l'Etat, mais à celui de la personne lésée qui employait ou vendait le criminel comme esclave privé. Mais le résultat est tout à fait insuffisant. Il est bien rare que le produit, cumulé même pendant la durée des longues peines, suffise pour dédommager, et dans les courtes peines ce produit devient nul. Il serait d'ailleurs injuste et imprudent de subordonner la libération conditionnelle ou simplement la libération à une telle condition qui ne pourrait jamais être remplie. Ce serait à leur tour l'intérêt de la société, celui des criminels, qui seraient sacrifiés entièrement et injustement.

On a proposé aussi de donner aux dommages-intérêts le pas sur l'amende et de lui accorder un privilège préférable sur les biens du condamné; cela serait excellent, mais on oublie toujours que le criminel est généralement insolvable. Dans le même ordre d'idées, on a proposé encore l'attribution des dommages-intérêts répudiés par les ayants-droit à ceux qui ont besoin, au contraire, de réparation et l'acceptent.

Cette idée est très heureuse, on ne peut lui reprocher que de ne pas produire des valeurs suffisantes. Elle est pratique. Dans les affaires de diffamation, par exemple, ou d'autre atteinte à l'honneur, pour montrer que ce n'est pas par cupidité qu'on agit, on a coutume dans certains pays, notamment en France, de ne demander qu'un franc de dommages-intérêts; il eût été meilleur de réclamer davantage, car une somme supérieure serait de nature à réprimer efficacement ce délit et à en empêcher le retour. On l'a souvent essayé en demandant des dommages-intérêts considérables au profit d'établissements philanthropiques, mais certaines législations l'ont prohibé. Il serait facile de permettre aux personnes qui veulent une répression pécuniaire sans en retirer un profit personnel de verser la somme obtenue dans une caisse érigée en institution juridique et destinée à indemniser les victimes d'infractions qui ont besoin de l'être et qui d'après leur situation sociale ou la nature du délit accepteraient une indemnité. Dans ce cas, le franc classique de dommages-intérêts ne serait plus demandé, mais on obtiendrait une peine sérieuse contre le délinquant par diffamation, par exemple, ce qui serait une répression très efficace, sans encourir le reproche de spéculer sur son honneur, et d'autres victimes profiteraient de la somme obtenue. Cette idée est très ingénieuse, mais elle a le défaut de ne pas procurer des ressources suffisantes et régulières, cependant il y a lieu de la retenir, mais comme simple adjuvant.

On pourrait y joindre une ressource plus abondante, et on l'a aussi proposée. Le produit des amendes serait destiné non à entrer dans les Caisses de l'Etat, mais à former un fonds commun qu'on emploierait à fournir des indemnités aux victimes des délits et des crimes. Il ne s'agit pas de l'amende prononcée dans l'affaire même où l'on a alloué des dommages-intérêts, il suffirait dans ce cas, ce qu'on a proposé aussi avec raison, de conférer aux dommages-intérêts un privilège sur les biens, préférable à celui de l'amende même, mais il s'agit de toutes les amendes cumulées dans toutes les affaires, et qui seraient destinées à solder l'ensemble des dommages-intérêts alloués dans toutes. Le procédé serait fructueux, car les amendes ne sont guère prononcées que contre des personnes solvables et la plupart sont recouvrées. Cependant il surgit deux objections. Le produit total, et il serait facile de dresser des statistiques à l'appui, serait insuffisant pour indemniser toutes les victimes de délits, et chacune d'elles ne serait récompensée que pour une quote-part. D'un autre côté, le produit des amendes sert à couvrir le Trésor public des frais spéciaux de justice, car ceux-ci sont rarement payés par les condamnés, presque constamment insolvables, ainsi que des frais généraux, et il ne suffit même pas pour atteindre ce but. On ne peut donc les attribuer aux victimes qu'en mettant ainsi les indemnités d'une façon indirecte à la charge de l'Etat.

Le moyen de désintéresser entièrement la victime d'un crime, de manière à ce que la société soit désormais complètement maîtresse de la peine et puisse, sans faire tort à autrui, substituer la méthode curative à la méthode répressive, est donc encore à trouver. A qui s'adresser ? Si l'on veut obtenir un résultat complet, une seule personne est capable de le fournir: la société elle-même, l'Etat, le Trésor Public. Celui-ci, paierait tous les dommages-intérêts prononcés, sans aucune réduction, puis serait subrogé dans tous les droits de la victime et pourrait traiter le criminel comme il l'entendrait, dans le seul intérêt de la sécurité publique et de la guérison ; il n'aurait plus à craindre aucune récrimination d'autres ayants-droit. Il faudrait sans doute relier fortement l'action civile et l'action publique pour les soumettre, au même moment, au même juge, et faire au besoin statuer d'office sur l'action civile, mais ce procédé pour d'autres motifs que nous ne pouvons exposer ici est aussi très désirable.

Dans toute affaire, le juge répressif fixerait la peine curative, l'amende, les dommages-intérêts dûs; ces derniers seraient immédiatement payés à la victime par l'Etat, qui aurait, pour ainsi dire, acheté de cette manière à la personne lésée tous ses droits. Dès lors, celle-ci ne pourrait se plaindre du traitement fait au criminel; rien ne pourrait plus lui faire grief, ni la grâce (sauf toutes nos réserves contre ce moyen), ni la libération conditionnelle, ni la condamnation conditionnelle, ni les circonstances atténuantes, ni les sentences indéterminées; au moins, pour être tout à fait exact, elle ne pourrait se plaindre fortement, quoiqu'elle se trouvât privée de son but de réaction pénale, disons le mot, de vengeance, qui était aussi un de ses droits. N'en serait-elle pas récompensée par une indemnité pleinement suffisante pour effacer le tort causé? Ne pourrait-on pas même lui accorder un bénéfice, un doublement de la réparation du préjudice, comme dans les actions civiles-pénales du droit romain? Enfin, dans les crimes atroces, est-ce que sa vengeance elle-même ne serait pas satisfaite par les moyens curatifs prolongés et souvent violents que la thérapeutique criminelle exige?

Ce moyen que nous proposons serait donc effectif. Mais est-il légitime?

L'est-il vis-à-vis de la société qui va se trouver grevée d'une très lourde charge et qui cependant ne semble pas débitrice, au moins tout d'abord? L'est-il vis-à-vis de la victime qui devient ainsi expropriée d'une partie de ses droits? N'est-il favorable qu'au criminel seul?

Vis-à-vis de la société c'est la victime que l'invoquerait. Serait-ce seulement comme le prix de l'abandon qu'elle ferait de son action civile? Non, car alors le prix de cession pourrait paraître trop cher. Il ne suffit pas de prouver qu'il y a intérêt à la cession, il faudrait établir en même temps que l'objet cédé vaut le prix, or ici nous ne nous dissimulons pas que le prix est énorme. La victime aura un droit plus intrinsèque à invoquer, et ce droit elle pourrait y prétendre, sans faire aucun abandon de sa réaction pénale. Elle pourrait se dire créancière à la fois du criminel et de la société. Le criminel lui a causé le tort direct, mais la société pouvait dans beaucoup de cas empêcher ce tort, elle ne l'a pas fait.

Si elle eût mieux protégé la victime, le criminel n'aurait pas pu réussir dans son crime, l'un des nombreux agents qu'elle emploie serait intervenu, non plus après, mais au moment et même auparavant. La victime est sans armes, confiante dans cette haute protection qui a failli; elle a été atteinte, si elle avait su, elle fut restée armée. Ce n'est pas tout : la société aurait dû pousser la prévoyance plus loin, elle eût pu empêcher le crime par des moyens préventifs ; l'action dangereuse qui conduit au crime aurait été étouffée elle-même, le criminel, loin d'exécuter le crime, ne l'aurait même plus préparé.

Ce n'est pas tout. La société aurait pu prendre d'autres mesures, *plus antérieures* encore : elle aurait éliminé les facteurs du crime : la misère, l'excitation, l'influence d'un milieu mauvais, l'éducation démoralisante, l'ignorance. Si elle l'eût fait, le criminel, à moins que ne fût un criminel-né, aurait été un homme vertueux, donc pas de crime ; et s'il s'agissait d'un criminel-né, elle aurait dû le savoir, prendre des mesures de sauvegarde, le désigner aux citoyens, le mettre hors d'état de nuire par des moyens semblables aux quarantaines sanitaires. Elle n'a rien fait de tout cela, elle n'a pas rempli son devoir, elle est responsable, elle est débitrice de la victime.

Celle-ci, sans céder aucun de ses droits contre le criminel, pourrait à bon droit poursuivre solidairement la société et lui dire de payer, sauf son recours. Elle-même, si par hasard elle se rend coupable de la moindre négligence, doit payer le dommage intégral ; qu'elle casse un objet par maladresse, qu'elle tue par imprudence, il lui faudra, pour réparer cet instant d'inattention, engager toute sa fortune, et la société qui a commis une faute grave ne pourrait être poursuivie ! Cela n'est pas juste, n'est même pas juridique. Mais la personne lésée, à cet argument fondamental, à cette plainte vive, peut en joindre d'autres. Autrefois elle était libre d'agir, la réaction pénale était tout entière entre ses mains, sans que nul pût venir la troubler dans cet exercice. Elle s'en est dépouillée, elle n'exerce plus l'action publique proprement dite, celle aboutissant à la peine vengeresse, elle l'a laissée à la société, à la condition que celle-ci l'exerçât elle même sérieusement, elle ne s'est réservé que l'action indirecte, mais, si elle a agi ainsi dans un intérêt de paix publique, c'est à la condition

que cette peine pût équivaloir à cette vengeance ; or, elle perd
de plus en plus ce caractère, et la société a voulu la transformer
en moyen curatif.

Dès lors, la victime peut, puisque la condition n'a pas été
observée, rentrer dans le plein exercice de tous ses droits, c'est
ce qu'elle fait quelquefois, ou, tout au moins, puisque la société
lui confisque cette fois définitivement l'action pénale, qu'elle lui
paie donc son action civile !

Le langage de la victime nous semble parfaitement juste. Oui,
elle a un droit direct contre la société qui devait empêcher le
crime, qui le pouvait. Oui, ce droit principal se double de cette
circonstance que la victime avait renoncé à se venger elle-même,
qu'on ne le fait plus pour elle et que ses intérêts sont sacrifiés.
Ou l'a expropriée et il le fallait peut-être bien, mais alors elle
a droit à une juste et préalable indemnité.

Mais précisément à ce mot la société fait un signe d'acquié-
scement, elle reconnait qu'elle est débitrice, qu'elle doit payer
l'indemnité, non pas peut-être comme débitrice directe, car on
avoue toujours difficilement ses torts, et elle essaie de soutenir
encore qu'elle ne pouvait empêcher le crime, mais au moins, à
titre de dédommagement de la réaction pénale complète, du droit
à la peine dont elle a privé la victime pour l'exercer seule.
D'ailleurs, elle soutient à son tour à bon droit contre la victime
récalcitrante, car s'il y en a qui préfère l'indemnité, il en est
d'autres qui tiennent davantage à leur vengeance, qu'elle a bien
le droit de supprimer celle-ci contre le gré de la victime elle-
même, pour ne plus se servir de la peine que comme d'un moyen
curatif, pour l'abolir même suivant les circonstances, parce que
cette suppression est nécessaire dans l'intérêt de tous.

C'est une véritable expropriation pour cause d'utilité publique,
comme il en existe beaucoup de cas dans toutes les législations.
Il s'agit de créer une ligne de voie ferrée, la propriété va être
transportée de force du propriétaire du sol au propriétaire du

chemin de fer. Il en est de même de tous les droits. Pourquoi cantonner cette faculté aux droits civils, elle s'étend aux droits pénaux, comme à tous. La victime, quelque intéressante qu'elle soit, ne saurait s'y soustraire. D'ailleurs, comme tout autre expropriation, celle-ci n'aura lieu que moyennant une juste indemnité, laquelle consiste dans le payement par la société à la victime du préjudice que celle ci a souffert. Devant ce principe certain, la victime récalcitrante s'incline à son tour ; elle renonce à faire retour à la vengeance privée. Elle consent, comme jadis, à la composition pécuniaire, non plus avec le criminel, mais avec la société qui le remplace avantageusement, mais justement.

En un mot, le payement par la société à la victime du montant du préjudice souffert est à la fois l'acquit de sa dette directe, celui du prix de l'expropriation, pour cause d'utilité publique, de l'action pénale de cette victime. Il est dû ainsi à double titre ; l'un seul de ces deux titres suffirait. Quant à l'utilité publique, elle est certaine, il y a avantage pour tous à ce qu'on cherche librement la guérison du malade par des moyens appropriés.

D'ailleurs, l'obligation mise à la charge de la société aura un autre résultat heureux, celui de la rendre plus vigilante, dès qu'elle sera responsable. Elle ne prenait pas contre la production du crime les moyens préventifs suffisants, elle n'en écartait pas les divers facteurs anthropologiques, psychologiques, physiques, sociologiques, elle s'efforcera désormais de le faire. Elle sommeillait tant que le dommage tombait définitivement sur la victime, elle se tiendra en éveil. Elle n'exerçait pas une surveillance suffisante sur le crime actuel, elle l'exercera. La société responsable sera vigilante comme le citoyen responsable. Elle le sera surtout avant, plus encore qu'après le crime, ce qui est l'essentiel.

On objectera, sans doute, que l'Etat ne doit pas intervenir pour garantir une personne lésée contre des actes qui dans les rapports entre elle et la société devraient être regardés comme des cas fortuits. Ceux-ci sont, en effet, à la charge de la personne qui en souffre, comme tous les accidents. Mais précisément les crimes ne sont pas de ces cas fortuits, ils sont le résultat à la fois d'un acte dolosif ou violent de la part du criminel et d'une faute lourde de la part de la société. Sans doute, celle-ci ne peut toujours empêcher le crime au moment même où il se produit; mais elle pouvait presque toujours arrêter la génèse de l'état d'esprit criminel dont le crime a été le fruit, par des institutions générales appropriées, et du reste, comme nous l'avons dit, si ce *quasi-délit* ne suffit pas à lui seul, il y a un *quasi-contrat* entre la société et la victime qui a renoncé à exercer son action pénale.

D'ailleurs, la société pourrait à sa décharge employer des ressources qui lui seraient offertes par d'autres institutions, par exemple, par la caisse ci-dessus décrite des dommages-intérêts non acceptés par les victimes de situation aisée dans les affaires d'honneur, et aussi par le produit du travail des prévenus, mais la plus grande partie retomberait effectivement à sa charge.

Telle serait l'innovation d'une importance de premier ordre dans la sociologie criminelle et dans le droit pénal positif, qui aurait pour résultat d'assurer à la victime une satisfaction juste qu'elle n'obtient presque jamais et qui permettrait à la société de pratiquer désormais largement et sans entraves les méthodes nouvelles et scientifiques de défense sociale réalisées par le traitement et la guérison de tout criminel curable et l'élimination du résidu incurable, sans préoccupation des droits antagonistes.

Il ne resterait plus qu'à étudier les voies et les moyens budgétaires de réalisation, la charge par le Trésor Public serait considérable, mais il importerait de mettre en balance les sommes dépensées en vain par suite d'une direction non rationnelle des peines et de la recrudescence de criminalité qui en résulte.

Le conflit incessant de l'individu et de la société se trouverait résolu sur un point capital à l'un des tournants actuels les plus marqués de l'évolution pénologique.

Raoul de la Grasserie.

Turin — Impr. Camilla et Bertolero de Natale Bertolero

www.ingramcontent.com/pod-product-compliance
Ingram Content Group UK Ltd.
Pitfield, Milton Keynes, MK11 3LW, UK
UKHW021027220726
13924UKWH00001B/160